PROTESTATION

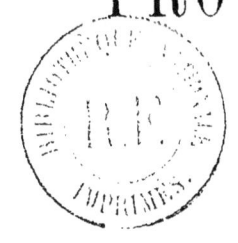

CONTRE

L'AVERTISSEMENT

DU DOCTEUR X......

EN DATE DU 15 AVRIL 1883

PROTESTATION

CONTRE

L'AVERTISSEMENT DU DOCTEUR X......

EN DATE DU 15 AVRIL 1883.

———⁂———

A....., le 15 mai 1883.

Monsieur,

Le jour de Pentecôte (13 mai passé), notre département était littéralement inondé par des circulaires datées du 15 avril et signées par le docteur X......, ancien interne à la maison d'aliénés de Ch......., comme il s'appelle lui-même dans sa thèse inaugurale.

Dans cette circulaire intitulée :

AVERTISSEMENT
A MES CONCITOYENS !

le docteur X...... parle d'un *agent et homme indigne* auquel il
« aurait adressé, en guise de « piège, » pendant la guerre né-
» faste de 1870-71, certaines lettres dans lesquelles il aurait
» affecté » seulement des sentiments, qu'il est persuadé, qu'on
» ne lui ferait pas l'injure de croire « vrais, » puisque, d'après
» les conversations, propos, démarches et agissements de l'agent
» depuis cette époque, il ressortirait « clairement » que les
» soupçons du docteur X...... auraient été, et seraient encore
» parfaitement fondés. »

Avant d'ajouter foi à ces odieuses allégations de l'ancien interne, il faudrait examiner la question de savoir si l'organisation cérébrale de cet oiseleur, fabricant d'un tout nouveau genre de pièges (s. g. d. g.), lui a permis, et lui permet encore de juger « clairement » les hommes et les choses.

Vous me saurez donc sans doute quelque gré, Monsieur, si je me permets de vous adresser ci-après, en réponse à l'avertissement du docteur X......, la reproduction autographique de ses lettres, ou, pour employer ses propres expressions, de ce « piège » qu'il m'avait tendu et dans lequel il reconnaît que j'avais eu « l'habileté » de ne pas tomber.

D'abord, je dois dire que si j'ai fait preuve « d'habileté » à cette occasion, c'était sans le savoir, comme il vous sera facile, Monsieur, de vous en convaincre, par l'inspection des lettres, (du « piège ») du docteur X.......

La *manie* de la fabrication des *pièges* paraît avoir passé à l'état chronique chez lui. Son avertissement n'est pas autre chose qu'un piège nouveau, véritable *piège perpétuel*, *infaillible* (s. g. d. g.), qui a cela d'ingénieux surtout, qu'il est toujours retendu par chaque animal pris, comme l'expérience l'a surabondamment démontré, puisque *toutes espèces d'animaux nuisibles* y ont été pris à leur tour, jusqu'au docteur X...... lui-même qui y est tombé, même *si bien*, qu'il doit se dire souvent, à l'heure qu'il est, s'il n'aurait pas mieux fait de rester, en 1863, interne à l'asile des aliénés de Ch......., que d'être, tout d'un coup, en 1883 (vingt ans après), isolé, séquestré, *interné* (quoi !) dans son propre trébuchet, où il a trébuché le premier, en péchant par la base et contre toutes les lois de l'équilibre, mais en se conformant exactement à la loi de la chute des corps, en vertu de laquelle il est tombé dans le vide avec une rapidité et dans une profondeur telles qu'on se demande quel est l'espace parcouru par ses jambes, qu'un célèbre avocat avait comparées un jour au caractère de ce même docteur X...... en disant, *mot à mot :* Mon Dieu, Messieurs (en s'adressant au tribunal), quant à mon client, le docteur X......, « il a le caractère un peu fait comme ses jambes! » Interné dans un asile d'aliénés, *avec* garantie du gouvernement, ou pris dans son propre « piège » mais *sans garantie aucune du gouvernement*, voilà deux billets de logement qui ne promettent rien d'amusant… au pékin à loger !

Après avoir fait connaître un peu celui qui avait tendu le *piège*, vous apprendrez, Monsieur, non sans quelque intérêt peut-être, les *conversations*, les *propos*, les *démarches* et les *agissements* de celui à qui le piège avait été tendu, de celui, enfin, dont les sentiments patriotiques français sont connus depuis longtemps et qui a été *visé* de nouveau par l'avertissement du docteur X……

Qu'ai-je fait lorsque j'ai eu connaissance de ce nouveau piège ? Je me suis rendu immédiatement chez M. le juge d'instruction, de là à la mairie, devant M. le maire, M. le commissaire de police, MM. les agents du commissariat, M. le chef de bureau et M. le secrétaire de la mairie pour demander mon *arrestation* (?) *immédiate, qu'on n'a absolument pas voulu opérer* sans un *mandat d'amener* du premier.

J'ai fait cependant tout mon possible pour faire comprendre à ces Messieurs, remplis de bonté pour moi, qu'un *document public imprimé*, contenant des *insinuations aussi graves*, et émanant *d'un homme occupant un certain rang dans la société, d'un médecin, mériterait certes d'être pris en sérieuse considération*, et que s'il leur restait une seule goutte de sang *français* dans les veines et au ventre, ils insisteraient comme moi, sur l'arrestation de « l'agent, » ou du moins sur une *enquête* en bonne et due forme. Car, leur disais-je, si les faits allégués par le docteur X.. … sont aussi pertinents que lui-même est impertinent, notre dignité à nous tous, notre dignité française enfin, exigerait, à n'en pas douter, l'expulsion de *l'agent et homme indigne*.

Ou prétendez-vous par hasard, continuais-je, que c'est plutôt le docteur X…… qui serait cet homme indigne (rire de ces messieurs) ou un menteur ? (nouveaux rires), vous semblez dire oui, eh bien, alors il deviendrait donc justiciable de la correctionnelle ! (rires prolongés). Ou prendriez-vous par hasard l'ancien interne de Ch…… pour un fou, un ancien interné (avec un accent aigu en forme de *crâne fêlé*)? mais alors il faudrait lui faire réintégrer son ancien domicile d'où il nous était venu avec sa thèse sur les aliénés! *Criminel ou fou, responsable ou irresponsable,* l'un ou l'autre, voilà la question.

Bruyante hilarité qui fait littéralement osciller la salle de la mairie. Ces messieurs se tenaient les côtes à force de rire, et n'ont absolument pas voulu m'appréhender, tout en sachant parfaitement que c'était moi qui avait été *visé,* et par l'*avertissement* du docteur X......, le jour de Pentecôte, et par son *revolver* dans la soirée du 13 avril 1883.

Ce soir là, une veuve et ses trois enfants, dont la douceur de caractère se trouve en parfait rapport avec son magasin de confiserie, a manqué comme moi devenir victime de la *monomanie homicide* de l'ancien interne de Ch......., au sujet duquel l'autorité judiciaire a dû requérir l'intervention de M. le président de la Société des médecins du J..., en le chargeant d'examiner l'état mental du docteur X.......

Bref, malgré mes instances, ces messieurs n'ont pas cru devoir donner suite à ma demande, toute patriotique et toute française cependant; ils ont préféré me laisser retourner tranquillement à mon ermitage qui se trouve juste en face du manoir occupé actuellement par l'ancien interne, fabricant de pièges, dont les allures charentonnesques deviennent de plus en plus inquiétantes pour la ville si tranquille de mon aïeul, le vénérable curé B.....

Quant à l'intéressante veuve et à ses trois enfants, elle m'a fait savoir qu'elle serait obligée de quitter le monastère de Saint-Just si je ne réussissais pas à obtenir le changement de domicile du docteur X.......

Je ferai tout mon possible en lui recommandant en attendant, et faute de mieux pour le moment, d'adresser de ferventes prières à saint Nicolas, protecteur des enfants!

O saint Nicolas, priez pour nous!

Malgré la forme un peu humoristique donnée au cours de cet exposé à certains faits et que comporte, moralement et physiquement, l'excentrique personnalité du docteur X......, je ne rapporte ici que ce qui est de notoriété publique, et de plus, légalement prouvé.

Au-dessous de mon ermitage (au rez-de-chaussée), les larmes de la veuve et de ses trois enfants éplorés et menacés de la collection de revolvers et de pistolets du docteur X...... ; en face, et sur le même corridor, les mêmes menaces à mon adresse, plus des *grincements de dents* pareils à ceux dont parle le docteur X...... dans sa thèse sur les aliénés. On dirait, hélas ! que l'ancienne maison du brave et si populaire curé B.... a été transformée en véritable enfer par le docteur X......, comme c'était écrit, non dans les livres de la sibylle de Cumes, mais bien comme c'était écrit dans l'évangile de Saint-Mathieu, chap. XIII, v. 42 : « c'est là qu'il y aura des pleurs et des grincements de dents. »

Mais arrivons maintenant à l'analyse, au démontage du *piège* de l'ancien médecin des aliénés, autrement dit aux

LETTRES DU DOCTEUR X······

qu'il m'avait adressées, pendant mon séjour en Suisse, en réponse aux miennes, où je disais que, quoi qu'il arrive, il ne me ferait jamais perdre mon amour et mon culte pour ce beau pays de France, ma patrie adoptive que j'ai aimée par dessus tout depuis mon enfance, et dont je ne désespérerai jamais.

Par un sentiment de délicatesse patriotique français, j'indique par simples initiales certains noms propres.

Lettre du 13 novembre 1870.

« Fr...... (écrit le docteur X...... au prétendu *agent* soupçonné d'espionnage et homme indigne). »

A....., le 13 mars 1870.

« . . . . c'est une honte d'être f......,
» c'est synonyme de *traître*, de *vénalité*, de *coquins*, de

gibier de bagne et de potence, mais assez de ce pays que je *méprise*...

Il les traite bien, ses « compatriotes » et ses « concitoyens, » n'est-ce pas ?

Lettre du 4 octobre 1870.

A....., le 4 octobre 1870.

Mon cher Monsieur ....,

» . . . .
« vous devez me connaître aujourd'hui, chez moi tout est
» cœur, tout est sentiment, bon ou mauvais ; mais pour
» vous tout bon, n'en doutez pas. . . . .
» . . . . En vérité si
» j'avais une vocation pour la vie du cénobite, je me ferais
» capucin pour ne pas voir toujours les mêmes ordures, le
» même fumier. Mais, mais..... un trait d'union, me rat-
» tache à la vie, c'est.... . *la bi...biche*........ croyez-vous
» que *l'invasion* se dirige vraiment de notre côté ?? vous
» êtes mieux renseigné que nous...

En voilà un drôle d'oiseau que ce martin-pêcheur ! De la biche, il saute sur l'invasion (mais sans sortir de chez lui), et gaiement, et gaiement il s'élance de l'amour, de l'amour au combat !

Pendant que propriétaires et vignerons étaient obligés de vendre en Suisse, à vil prix, leurs beaux vins de 1868, 69, 70, le docteur X...... se payait du gibier. Avait-il au moins un permis de chasse, le braconnier ?

Lettre du 15 juin 1871.

A....., le 15 juin 1871.

Mon cher Monsieur ....,

« Le bétail f....... me laisse un moment de liberté ; ce
» moment, je vous le consacre en vous priant de me par-
» donner mon silence toujours trop long. »

Bétail f......? Mais il fait donc tous les métiers, le docteur ? D'abord docteur en médecine, puis interne dans une maison d'aliénés, puis fabricant de *pièges*, et tout d'un coup... *vétérinaire ?* Diplômé ? J'en doute.

Et plus loin :

« J'ai copié et je copie les A........ Leur séjour parmi
» nous m'aura servi.

Ah ! le séjour des A........ en Fr.... lui a *servi ?* Combien s'est-il fait payer les *copies*, combien la ligne ou le rôle ?

C'est donc lui qui serait l'homme indigne en se faisant l'espion des deux partis ennemis ? Il se fait servir par les A......., tout en tendant des pièges à leur agent, dans l'intérêt de la F..... Je m'explique, à présent, pourquoi ces messieurs de l'ordre administratif et judiciaire n'ont pas voulu opérer mon arrestation, et ce qui les avait tant fait rire du docteur qui, dans l'espèce, a fort bien joué, et sans le savoir, le rôle du juif Chmoul, caractérisé dans la belle tragédie de Paul Déroulède : L'Hetman, de la manière suivante :

Chmoul : Ne suis-je pas partout ce Chmoul à double face,
    Dont nul, hors monseigneur, ne connaît le vrai front ;
    Ce messager si sûr, cet espion si prompt,
    Qui sait, selon les gens et selon la besogne,
    Crier : Vive l'Ukraine ou vive la Pologne ?...
    Et qui défigurant la pure vérité,
    Ajoute à ce qui fut, ce qui n'a pas été ?

Et plus loin :

« . . . . cependant rien ne vous
» retient, ne vous empêche de rentrer à A..... Vous n'aurez
» plus besoin d'autorisation de *la lâcheté f........,* tous
» les chemins vous sont ouverts. »

Voyons, Monsieur, comment trouvez-vous ce cit...., oh ! non ! pas *citoyen*, ni *concitoyen*, ni compatriote ? N'est-ce pas d'un fou, que de parler en ces termes d'un pays qui par son génie, son esprit, sa générosité et ses sublimes sentiments d'humanité, a le plus contribué à l'émancipation des autres nations, et cela aux dépens de ses propres intérêts matériels ?

Peut-il y avoir deux opinions sur le docteur X......? Ailleurs, c'est possible ! En France ? Non !

Lettre du 15 mai 1873.

A....., le 15 mai 1873.

« Mon cher Monsieur,

» Vous voudrez bien me pardonner l'énorme retard que
» j'ai apporté à répondre à votre lettre datée du 6 courant.
» Vous, si exact dans vos affaires, dans vos correspon-
» dances, vous avez dû certainement souffrir de mes
» lenteurs, et vous dire que cet *animal de docteur* était
» inqualifiable par sa paresse. Je sollicite cependant votre
» indulgence et je suis sûr de l'obtenir, parce que *vous*
» *seul connaissez bien mes habitudes* et saurez que
» je suis loin d'être libre et que mon temps est toujours
» partagé entre les morts, les mourants et la *canaille*
» *humaine vivante....* »

Animal de docteur? Oh oui, parfaitement bien diagnostiqué ! Moi *seul*, c'est encore vrai, je le connais et mieux que personne, à l'exception, toutefois, de ses confidents d'aujourd'hui.

La *canaille humaine vivante?* Oh ! ce n'est guère flatteur pour les descendants du héros de la théorie de Darwin, *à fortiori* pour les images de Dieu. Que pensent de ce drôle de corps messieurs les médecins, dont l'honorable profession est-elle même une œuvre d'humanité ?

Lettre du 27 juillet 1873.

(C'est l'époque des jours caniculaires.)

A....., le 27 juillet 1873.

« Mon cher Monsieur ....

» Triste exilé sur la terre étrangère, vous me pardon-
» nerez la longue pause que j'ai gardée vis-à-vis de vous.
» Vous qui de la chevalerie suivez si dignement les lois,
» vous serez plein d'indulgence pour un malheureux
» charognard, esclave de son métier et du public imbécile
» et égoïste. Ah! revenez-vite, la vie n'est plus possible,
» la maison est morte, nos habitudes toutes détraquées,
» *notre santé même se trouve atteinte de votre absence.*
» Je ne plaisante pas du tout, plaise à Dieu, que ce ne soit
» pas vrai, depuis votre départ, je suis dans un état de
» souffrance inexplicable. La diarrhée ne m'a presque pas
» quitté, mais ce qui me fatigue le plus et me fait souffrir
» énormément, c'est *une éruption de furoncles dans*
» *toutes les parties du corps* . . . .
» *je sens qu'il y a quelque chose de gravement atteint*
» *dans mon individu, le moral surtout* qui réagit sur
» le physique si profondément. Je suis convaincu que la
» monotonie et l'isolement dans lesquels je suis plongé,
» sont seuls cause de ce dérangement de santé. »

Donc, l'*absence* de l'homme indigne de l'avertissement cause au docteur X......, une maladie *de furoncles* dans *toutes les parties du corps*, le cerveau y compris, puisqu'il dit lui-même en avoir un dont *le moral serait gravement atteint*.

On avouera que c'est pousser le patriotisme un peu trop loin en allant jusqu'à se faire passer pour fou? Ce n'est plus se donner à la patrie, c'est se sacrifier, c'est s'immoler pour elle.

Suit une dernière lettre écrite par le docteur X......, en pleine époque caniculaire (au mois d'août). Cette lettre semble confirmer l'opinion que le docteur X......a émis lui-même dans sa thèse sur les aliénés, où il dit, entre autres (p. 13), que « toute folie qui devient chronique finit par se transformer en démence ! »

Qu'on en juge par la

Lettre du 11 août 1873.

A....., le 11 août 1873.

« Mon cher Monsieur ....,

» Je reprends (écrit le docteur X......, à titre de piège) le
» cours de ma lettre interrompue par les vésicatoires, les
» lavements et les purges. C'est à en crever de rage de
» n'avoir pas le droit de disposer d'un instant pour écrire
» à ses amis. Mille fois maudit soit cet infâme métier qui
» me rend esclave, humble et soumis, *de cette charogne*
» *d'humanité pour laquelle j'ai le plus profond, le*
« *plus sanglant mépris.* Quand la fortune, cette ignoble
» femme publique, qui se livre à tous, excepté à moi, ces-
» sera-t-elle de me montrer ses crocs ? Quand serai-je
» mon maître ? après avoir été si longtemps esclave ?......
» *Vous croyez que ce n'est pas un peuple de fous, de*
» *coquins* ? Mais, mon cher monsieur, je connais mon pays
» MIEUX que vous, et *si jamais je suis quelque chose,* je
» veux fourrer à Charenton tous ces *acrobates* qui ont la
» prétention de nous diriger. Il nous faut encore une leçon,
» la première n'est pas assez forte. L'A........ doit nous la
» préparer et nous la donner rude. Cette fois-ci ce sera
» cent milliards à payer, la F......-C.... et la Ch....... et
» encore la B........ à livrer. Ce sera bien fait, ce ne sera
» pas trop. *Il faut exploiter les imbéciles, les* F.......
» *ont envie de danser, il faut leur en donner jusqu'à*

» *ce qu'ils en crèvent. Si je connaissais B......, je lui*
» *mettrais dans la tête de bonnes et saines idées.*

» Salut ! salut ! à cette noooble F......

» Tas de crétins !... »

La lettre qui précède a été écrite le 1ᵉʳ août 1873 [ce n'est plus l'époque néfaste de 1870-1871, dont il est seul question dans l'avertissement du docteur]. Ce jour là (le 11 août), le soleil paraît avoir dardé ses rayons les plus brûlants et les plus verticaux sur le docteur X....... Or, la chaleur dilatant les corps en désagrégeant leurs molécules, tout porte à croire que l'époque caniculaire de l'année 1873 a produit sur le cerveau de l'ancien interne de Ch....... une augmentation de volume telle qu'il en est résulté une véritable explosion. De là son crâne fêlé qu'on connaît et que nous venons de voir à l'état découvert dans la lettre ci-dessus.

Continuons l'autopsie, ou si l'on veut la vivisection « morale » du docteur X..., ou, pour employer ses propres expressions dont il se sert dans sa circulaire à mon égard, faisons « *ressortir claire-*
» *ment ses conversations, ses propos, ses démarches, ses agisse-*
» *ments,* » relativement à son véritable espionnage, à lui, par *piège tendu* (s. g. d. g.).

« *Si jamais je suis quelque chose,* » s'écrie le docteur X......, je veux fourrer à Ch....... tous les *acrobates* qui ont la prétention de nous diriger.

Je dois aux citoyens de ma patrie adoptive, aux Français, en un mot, qu'en recevant cette dernière lettre surtout, que l'ancien interne de Ch....... m'avait adressée, malgré mes protestations reitérées contre un langage aussi blessant, aussi odieux, que « *déjà à cette époque je le soupçonnais fortement* » d'être FOU ou *pas grand chose*. Physiquement le docteur X...... est déjà d'une taille au-dessous de la moyenne, un chat plutôt qu'un lion, plutôt un corbeau qu'un phénix des bois.

Pesons bien cette exclamation : « *Si jamais je suis quelque chose !* » Cela implique de la part de celui qui parle de la sorte la conviction intime d'être ou *pas grand chose,* ou *rien du tout,* ou *moins que rien* ! C'est peut-être la première fois que les Fr......, en d'autres termes les âmes vraiment *bien nées*, se trouvent être d'accord avec lui (ce n'est pas sa faute !).

Mais s'aperçoit-on, au moins, que le délire du docteur X... ne reste pas toujours enfermé dans le cercle de *la manie des pièges, de la monomanie homicide, de la bichomanie;* cette fois ce sont *les conceptions ambitieuses*, la FOLIE DES GRANDEURS qui s'emparent de lui pour le rendre complètement mûr pour Ch........ Il devient, c'est le cas de dire, la personnification de l'aliénation mentale, sous presque toutes ses formes, et l'incarnation même de l'axiome établi par le savant M. Pasteur : le virus rabique n'existe pas dans la bave seule, mais encore dans le cerveau.

Plus loin, le docteur parle d'acrobates qui, d'après lui, ont la prétention de nous diriger, et qu'il veut remplacer (avantageusement ?) en proposant à... (bigre !) un véritable tord-boyaux et mort aux rats pour ce qu'il a encore le triste courage, après des exploits pareils, d'appeler dans son « avertissement » ses « concitoyens et compatriotes ! »

En effet, il est impossible de pousser le cannibalisme plus loin que le docteur X......, qui, sans autorisation légale aucune, cède à (bigre !) la Fr......-C....., en échange d'une seconde leçon d'a......., la première n'ayant pas été assez « rude, « suivant lui. Singulier patriotisme, que de réaliser de la sorte l'ancien dicton franc-comtois : « Rends-toi ! Nenni, ma foi ! » que le docteur X...... semble avoir complètement oubliée. Ne nous en étonnons pas, puisque, d'après sa propre thèse, un des signes les plus caractéristiques de l'aliénation mentale est l'affaiblissement et la diminution de la mémoire.

Et plus loin, où il dit : « Les Fr...... ont envie de *danser*, il faut leur en donner jusqu'à ce qu'ils en *crèvent*,. En voilà, un crève-cœur !

On peut pardonner, dans une certaine mesure, au docteur X... cette jalousie vraiment féroce quant à la danse, puisque, eu égard à sa « *démarche d'un caractère spécial* » comme celle du

— 15 —

fou de sa thèse, il n'a jamais pu se livrer à cet exercice du corps si ancien qui porte l'homme en général (et les crapauds et grenouilles en particulier) à produire au dehors, au moyen du geste et des mouvements du corps, les affections et les sentiments du cœur. Jamais, en effet, on ne l'a vu aux fêtes de village de notre département inviter quelque payse à polker ou à valser avec lui, pas plus qu'il n'a eu l'honneur et le plaisir d'avoir été sollicité par qui que ce soit à faire vis-à-vis dans un quadrille, surtout pour le passage du cavalier seul.

Le docteur X......, en résumant ses pensées sur notre beau pays, termine sa lettre ci-dessus par les mots : *Salut, salut, ô noble F......*TAS DE CRÉTINS ? » A-t-on jamais entendu porter à la Fr.... un toast pareil ? Non, jamais ! il fallait pour cela un ancien interne d'une maison d'aliénés.

Mais en admettant un instant que le destinataire desdites lettres autographiées soit l'agent d'une nation ennemie, à quoi le docteur X...... s'est-il exposé en s'exprimant comme il l'a fait ? Mais on pourrait le faire condamner à mort ! Voyons plutôt notre droit pénal, art. 76 : Quiconque aura entretenu des intelligences (ou correspondances) avec les puissances étrangères ou leurs agents, sera puni de mort et ses biens seront confisqués.

[Dans l'espèce, en ce qui concerne les biens, la confiscation est faite depuis longtemps (1873) chez le docteur X......, qui n'a absolument *plus rien* à perdre, pas même la raison.]

Art. 12. — Tout condamné à mort aura la tête tranchée.

Art. 13. — Le coupable condamné à mort pour *parricide* sera conduit sur le lieu de l'exécution en chemise, nu-pieds, et la tête couverte d'un voile noir [cet article s'applique fort bien au cas présent, car on peut bien considérer comme parricide le criminel espion et traître à sa patrie, surtout si celle-ci répond au nom vraiment grand et glorieux de France, notre mère commune ! Toutefois dans l'espèce où le coupable n'a plus sa tête, puisqu'il déclare lui-même, dans une des lettres ci-dessus, « *avoir le moral gravement atteint* » *le voile*, par ex., deviendrait complètement inutile, à moins qu'on ne le destine à quelque héritière du supplicié, en vue d'une entrée au couvent ou de prise de voile, avec ou sans fleurs d'oranger.

On voit d'ici la cérémonie funèbre de l'exécution de l'ancien interne de Ch......., le docteur X... condamné à mort pour :

1° Avoir entretenu, suivant son propre aveu, ses propres déclarations écrites, des intelligences et correspondances avec un agent d'une puissance étrangère ;

2° Avoir tiré profit du séjour des envahisseurs en Fr....;

3° Les avoir copiés ;

4° Avoir offert à l'ennemi, en échange d'une leçon d'a....... trois des plus belles provinces de sa patrie, plus cent m........ ;

5° Avoir traité de tas de « crétins, » avec recommandation de les faire« crever, » ceux qu'il ose encore appeler ses « concitoyens » et ses compatriotes, » dans son « avertissement » lancé contre celui qu'il « espionnait » (s. g. d. g.), tout en l'appelant « Français de cœur, » charmant et gracieux propriétaire à la bonté habituelle et autres gracieusetés *ejusdem farinæ* ;

6° En un mot pour avoir voulu, pendant l'époque des jours caniculaires de 1873, fourrer à Ch....... les classes dirigeantes d'alors en se faisant, sans avoir eu droit et qualité pour cela, le véritable créateur de l'opportunisme s. g. d. g.

Le voilà donc, ce martin-pêcheur, obligé de monter, dans l'accoutrement prescrit par la loi, les marches de l'échafaud dressé au milieu de la grande place de la Liberté, qui paraît lui avoir suggéré, au-delà des bornes de la loi sur la presse, cette liberté de langage qui l'aurait rendu justiciable ou d'un conseil de guerre, de la cour d'assises ou propre à être interné dans une maison d'aliénés. Les confidents actuels du condamné à mort serviraient de témoins quand l'heure du châtiment aurait sonné, sans oublier la bi-biche (de la lettre du 4 octobre 1870) comme étant le seul point le rattachant encore à la vie...

Saint-Just, en vertu du testament olographe ci-après, se chargerait de l'inhumation de l'ancien interne de Ch....... Ce jour là, oui, Saint-Just tiendrait l'orgue lui-même pendant la cérémonie lugubre, en promettant de faire entendre en l'honneur du supplicié un requiem d'une sonorité telle que tous les compositeurs de musique sacrée morts et enterrés depuis Palestrina se réveilleront en sursaut pour briser de leurs têtes leurs tombeaux, afin de prêter l'oreille aux accents harmoniques du requiem de Saint-Just, accompagné du glas funèbre des cloches de Corneville.

Encore une fois, si on soupçonne quelqu'un d'espionnage, on cause avec lui politique, nouvelles de guerre, batailles, etc., mais on ne va pas étaler devant lui des secrets de famille ; on ne va pas, surtout, et toujours, sous prétexte de pur patriotisme, jusqu'à se faire passer pour fou et jusqu'à faire d'un « homme indigne et soupçonné d'espionnage, » son exécuteur testamentaire

Qu'on en juge par le

TESTAMENT OLOGRAPHE DU DOCTEUR X......
DU 14 SEPTEMBRE 1872

« Je veux être inhumé civilement, sans prêtres ni
» médecins à mon convoi. Je charge M. .... du soin
» de *l'inhumation.*

» A....., le 14 septembre 1872.

« Dr X....... »

Cette inhumation si vile a eu lieu déjà par les soins, les *pièges* et les lettres du docteur X...... lui-même ; en cela, le digne émule de Charles-Quint, qui fit célébrer ses obsèques pendant sa vie, en se mettant en posture de mort dans un cercueil, comédie funèbre qui lui fit contracter une fièvre violente dont il est mort le 21 septembre 1558 (au même mois qu'avait choisi le docteur X...... pour la rédaction de son testament).

L'histoire rapporte encore que Charles-Quint finissait sa carrière au monastère de Saint-Just, situé dans un vallon agréable. Mon ermitage-monastère à A....., se trouve dans la même situation pittoresque, mais malheureusement, avec les grincements du fou de la thèse et sa collection de pistolets et de revolvers.

Aujourd'hui le docteur X......, s'écrie dans son « avertissement : » *J'avais des soupçons; c'est par patriotisme que je lui adressais lesdites lettres*, qui n'étaient qu'un PIÈGE que je lui avais TENDU, et où il a eu l'habileté de ne pas tomber.

Mais, je le répète, si le docteur X...... n'avait eu que cette seule préoccupation, à l'exclusion de tout sentiment d'amitié, il ne se serait occupé que de nouvelles politiques, de négociations diplomatiques, de champs de bataille, les morts de Reichshoffen (les morts debout!) quoi ! des faits relatifs à la guerre..., et non de *bi.. bi.. bi.. bi.. biches*, « de *bétail fr........*,, du public imbé-
« cile et égoïste, de son charmant et gracieux propriétaire à la
« bonté habituelle, etc. »

Avec des soupçons aussi noirs que ceux contenus dans son « avertissement, » à moins d'être foncièrement méchant ou fou, on n'offre pas, surtout à l'homme indigne, soupçonné d'espionnage, de le ramener de la Suisse en France « avec sa charmante
« et gracieuse enfant, dont le babil ne compense que faiblement
« l'absence de son gracieux père, etc. »

Je ne veux pas parler (jamais même), et cela par un sentiment de délicatesse facile à saisir, des honorables personnes dont il est question dans les autres lettres, *non* autographiées, du docteur X...... et dont il se plaît de faire, pour ainsi dire, la dissection morale! Non. Mais on s'imagine facilement de quelle manière et avec quel procédé il a dû arranger les personnes qui ont eu la malechance de lui déplaire, et dont quelques-unes ont compté au nombre de mes anciens amis.

Et le citoyen (mérite-t-il ce nom ?) qui a agi de la sorte, ose diffamer aujourd'hui, de la façon la plus odieuse, un honnête homme, paisible qui ne s'est jamais occupé de politique, qui sort d'une famille honnête et d'une réputation sans tache, comme celle à laquelle il est allié depuis longtemps dans le département du J..., un brave homme enfin, que le docteur X...... a été un des premiers à qualifier de « tout ce qu'il y a de plus Français de cœur!

— 19 —

Quel citoyen français, médecin surtout, après la lecture des lettres du docteur X....., partagerait une confraternité qui lui est proposée dans le fameux « avertissement, » avec un « patriote » d'une trempe pareille ? Aucun, aucun !

Franchement, un agent, espion ennemi, aurait-il pu se servir utilement des documents extra-patriotiques du docteur X......? Ne lui aurait-on pas dit, le cas échéant, que l'auteur qui les lui avait adressées ne peut être qu'un échappé de quelque maison d'aliénés ? Le métier d'espion, dans de telles conditions, ne serait-il pas devenu extrêmement difficile, et dangereux même, sinon impossible, en présence de ce type morbide, ce copiste des A........ cet halluciné, qui dans un moment de « folie lucide, » délare lui-même que son moral est gravement atteint, son moral qui ne lui a laissé que juste assez d'esprit pour se livrer encore à l'art (peu libéral, par exemple) de la « fabrication de *pièges* perpétuels, infaillibles, (s. g. d. g.) » qui n'ont profité, en somme, qu'à celui à qui il les avait destinés.

J'ose espérer, Monsieur, que les doutes que vous pouviez avoir sur mon honorabilité après la lecture de l'avertissement du docteur X......, seront complètement dissipés quand vous aurez pris connaissance de cette protestation, que j'ai cru devoir accompagner de réflexions et de commentaires comme le comportait le sujet exceptionnellement excentrique que j'avais à traiter.

Veuillez agréer, Monsieur, je vous prie, l'assurance de mes meilleurs sentiments.

St-JUST.

Imprimerie Dodivers, Grande-Rue, 87.

www.ingramcontent.com/pod-product-compliance
Lightning Source LLC
Chambersburg PA
CBHW060635050426
42451CB00012B/2602